JN418176

님의 뜨락

님의 뜨락

손문숙 시집

月刊文學 출판부

시의 꽃

찬 바람 부는 날 내미는 따스한 손과 환한 미소처럼, 부족한 삶의 틈바구니에 쏘옥 고개 내밀던, 작은 들꽃을 엮어 시의 꽃을 피웠다. 어느 해 시비 청탁이 와서 원고를 보냈을 때, 뵌 적 없는 협회 회장님이 그 곳에 꼭 맞는 시라고 기뻐하셨다. 그때 받은 감동은 매우 커서 시가 싱그러운 풀 한 포기, 아름다운 꽃 한 송이가 될 수 있다는 믿음을 안겨주었다.

사방 환히 트인, 마음 꽉 찬 부자를 만나면 지극히 평화롭다. 그들의 미소와 기쁨, 자유로이 봉사하는 세계가 천상의 꽃처럼 느껴져, 내게도 한 순간 반짝하는 그 꽃을 시로 포착하고 싶었다. 그 꽃 한 송이 그리운 순간에, 시가 마음의 휴식과 평화, 희망과 맞닿아 있으면 좋겠다.

서로 다른 본성과 살아온 환경이 다른 탓으로, 우리는 같은 언어를 쓰면서 다르게 알아듣는 오해가 참 많은 것 같다. 완벽하지 않으나 생기 있고, 부유하지 않으나 평화롭고, 완덕을 갖추지 못해도 겸손을 지향한다면, 말과 마음으로 소통하는 비밀의 문이 조금씩 열려지지 않을까?

그래도 삶의 무게는 버거워, 때때로 너와 나를 고요히 놓아두는 시간이 필요한 것 같다. 그때야 비로소 우리는 서로에게 배우며 영향을 주고 있다는 감지를 통해, 남과 조금씩 다른 고유한 자신의 인생을 스스로 개척해 나아가려는 자유의지를 회복하는 것 같다.

시를 통해 가능세계를 구축하며 현실을 건너왔다. 생명의 바다에서 빛나는 뜨락을 항해하는 동안, 점차 무지의 늪과 인고의 샘이 줄고, 빛나는 뜨락이 선명해지기를 소망한다. 돌아보면 물질 저 너머에도 만개한 무수히 값진 들꽃들! 그래서 마음 꽉 찬 부자로, 발딛고 서 있는 지상이 따스한 님의 뜨락이기를 소망한다.

2017년 12월
흰 눈 소복히 쌓인 날
손문숙

차례

무지의 늪 2

인고의 샘 3

그럼에도 빛나는 뜨락 4

| 작품해설 |

1

생명의 바다

비 오는 숲 속

자박자박
다가온다

투명하게 젖어
싱그러운 빛으로

마알간 그의 모습
가까이 왔다

소록소록
스며드는
비의 숨소리

징검다리 위에도
이끼 속에도

촉촉히
스며들어
온통 푸르다

매혹

온종일 집에 있어도 싱그러운 건
베란다 짙푸른
난초 때문은 아니다

보드라운 봄바람 솔솔 불어와
내 볼에 살랑이고
재빠른 그의 발이
온 세상 이야기 묻혀오기 때문이다

때론 부드럽게 환상적으로
내 속에 파고드는
그 목소리 신비한 세계

적당한 탄력으로 조금씩 당기고
때론 부드럽게 미끄럼 타는

그의 싱싱한 눈이
늘 새롭게
파닥이는 까닭이다

소명

미욱하고
투미한 길
곧게 펴

진기로
가득
차오는 날

높은 하늘
둥실
떠올라

꽃처럼
구름타고
노닐리라

빛

어두운
내 안에
들어와

환하게
등불 밝히는
그대

어린 시절을
고스란히
간직한 채

별가루처럼
부서지는
은모래

푸른 숲 사이
밝은
실타래

기쁨

온 골목
환히

설렘
가득

아침 햇살
눈부신

보석의
음률

투명

내 마음
꽃처럼
아실 이

밤새
꿈길
다녀가듯

샘물
한 초롱
길어 놓고

맑은
눈으로
반짝반짝거린다

아기 예수님

봄 마당
가득
천국 햇살

잎사귀
빗물
내려 주시네

꿀벌
꽃가루
옮겨 주시네

성모마리아

그 먼 곳
반짝이는
별들 불러와

집앞 뜰
가득히
풀어 놓고

상기된
얼굴로
꿈을 꾼다

예수님
말씀 따라
낙원을 본다

온전한 사랑

내 님은 위대한 스승
천리 내닫는 청마
미동 없이 감미로운 음악

생명이 살아
음악처럼
시처럼

포르륵
미사포인 듯 걷으시는 멍에
햇살로 건네시는 진선미의 반지

물

모든 음식 먹다
물을 마시면
바로 이 맛이다

덧입히고
첨가하고
복잡한 세상

단순한 그 맛이 일품이다
투명한 그 맛이 시원하다

익숙한 낙원

이미 맛들인
그곳
수 없이 가고 싶네

맑고 환한
모습
사심이 없고

반목과
질시가
가로막아도

푸른 하늘
투명한 공기로
흡족한

천애의
그곳
잊을 수 없네

선구자의 통공

이역만리 유학길
귀국로 탐색길
그 길 끝닿은
이승과 저승의 길

오 뚫리었네
그 환한 고속도로

오백 년 전 가와라사랑도
장날 무수한 인파 훈춘의 정열도
아스라이 저버린 열강 사이
이 작은 한반도로
오롯이 흐르는 저 평화의 깃발

오 뚫리었네
따스한 봄 햇살
이천 년 전 빛으로 나는
저 환한 고속도로

싱그러운 계곡에서

휘어질 듯
물에 닿아
풍성한 수목 위로

피아노 건반처럼
노래하는 레이스
소 나이에가라

날실 씨실 사선으로
굵디굵은 물머리 땋아
쉼 없이 재잘재잘
풍요를 찬미하며

포르르
퐁퐁
콩콩콩
화사한 빛으로 튀네

그대의 품, 해수욕

모자 차양 사이로
튜브에 턱을 얹고

수평선 저 너머
반원
하늘을 본다

해변은 금새
파도 따라 여민

아지랑이처럼 스미는
금빛 도화지

지상에 닻을
내리지 않아도

마냥
비상하는
여름 한낮

카나혼인강좌

흰 솜털
보송보송
순백의 안개 기둥

너는
모르는 이 길
동그마니 살펴가거라

싱싱한
생명의
자유의지로

따스한
주님의
숨결 따라

시

가냘픈
양파껍질
수겹 비닐이어도

어쩌면
너는
머언 아담이어라

직관의 옷을 입고
관념의 벽을 넘어

어쩌면
너는
진리이어라

어쩌면
너는
생명이어라

첼로 연주

광목 펼친 듯
다이나믹한
가을

봄 아지랑이
한소끔
풀어

부드럽게
흐르는
바람결

청아한 저녁

성당 가는 길
맑은
귀뚜라미 노랫소리

찌르찌르
뜨르르
사아륵사륵

은빛으로
나폴대는
강아지풀

금빛으로
무늬지는
냇물 소리

아름다운 신부님

스스로
이발하고
주사 놓으며

연중 내전인
수단에서

거저 받았으니
거저 주는 분

어려운 의학
신학 공부 중에도

음악적 감성과
느낌표를 간직한

더 못 주어
마음 아픈
신부님

가을 풍경

풀어 놓은 벌들처럼
윙윙
재미있는 가댁질

잔디밭 위를 나비처럼
날아가는 아이들

말끔이 단장한
가을 햇살도

평화로이 깔린
솜털구름도

모두 내려와
아이들 손잡고

포르르
빙빙
함께 놀아요

낭만 가득한 거리에서

시뇨리아 광장을 흐르는
감미로운 기타 선율
탐스러운 올리브
은회색 잔가지로
미풍에 나부끼는
연주자의 머릿카락

은은하고 강렬한 지중해 햇빛
그 속에 무르익은 예술의 경지
동전을 넣거나
음반을 사거나
변함없이 고요한
저 예술의 지존
루이 14세를 깨운 륄리의 정열이
화려한 음률 속 올리브향 너머로
지나는 군중을 불러 모은다

테라스마다 웃음짓는 꽃
바람에 사분대는 싱싱한 정원수

관광객 마음은
어느덧 무희의 물결로 수놓아지고
거대한 우휘찌 미술관을
양옆에 끼며
서서히 물드는 지중해 노을

벌써 바닥은 까맣게 물들어
푸른 광장 위를 솟구치는 비둘기 떼
밀라노의 스칼라 극장
파리의 오페라하우스에 굴하지 않고
저 높은 자존심 감동의 선율로
피렌체의 군중을 끌어들인다

음악의 향기

물 위의 도시 베니스는
석고 두상이 원피스를 두르고
모든 실내 악기도 밖으로 나와
베네치아 광장의 햇빛을 즐긴다

머얼리 뭉게구름 퐁퐁 솟고
파란 수면 위로 눈부신 햇빛
그랜드피아노
화려한 바이올린
중후한 첼로가
넉넉히 흐르는 노천카페

콜롯세움과 개선문 사이로
로마의 올리브는 바람을 품어
어쩌면 크리스탈* 영롱한 모습
운하를 누비는 곤돌라에 싣고
비로소 들려오는 저 작은 소리들

아지랑이처럼 모호한 안개숲을 헤쳐

현실과 미래를 사뿐이 동여매
경계선 없이 흐르는
풍요로운 베니스 저 보석의 음률

* 크리스탈 : 이탈리아 베니스의 특산물.

이탈리아 풍경

산허리를 두른 하얀 띠구름
능선 따라 그림 같은 붉은 지붕들
낯익은 아카시아 무수한 해바라기
끝없이 펼쳐지는 포도 농장

일모작 끝난 들판마다
덩그러니 놓인 건초더미들
드넓은 평지 낮은 구릉 사이로
외롭게 서 있는 올리브나무

시간이 지날수록 음식은
입맛을 벗어나도
모퉁이 돌면 나타나는
시원한 광장

어딜가나 풍성한
과일과 꽃은
그들의 사랑을
빨갛게 꽃피운다

피렌체

이탈리아의 자존심
피렌체는
마차가 다니는
중세의 거리

천연 대리석
두오모 성당 뒤로
불타는 주홍빛
요염한 석양

지하 공동이 두려워
증축
신축을 꺼리지만

거리 악사의
고결한 선율 위로
고스란히 흐르는
최초의 르네상스

넉넉한 충주

해질녘
예쁘게 내려앉은 도시
키 큰 아파트
낮은 건물들
다정스레 서로 어깨를 걸고
도란도란 정담을 나눈다

드넓은 하늘 위로
새하얀 솜털구름
청명한 수면 위로
고운 산그림자
아직도 살아 숨쉬는
실개천 노랫소리

드라마 제국의 아침
숨결이 일고
클래식 기타 선율이
생명의 숲을 노래하면
어딜 가나 드넓은 대지는

물기 촉촉한 생명을 품고
쪼로롱쪼로롱
노래하던 새들도
나뭇잎처럼 사뿐이 내려앉는다

너그럽게 여유있게
흐름을 따르는 온유한 자세로
물처럼 순수한 자유가 있는 곳
평화로운 햇살
푸짐한 이 땅에
싱그러운 오월의 바람이 인다

단짝인 비와 대지

샤르르
샤르륵
반가운 빗소리

봄 나비 마냥
나폴나폴

지면 안개로
살랑살랑

하루종일
속닥속닥
뜨거운
대지
흠뻑 적시네

2
무지의 늪

시처럼 산다면

드러내지 않고
속으로 보듬으며
시처럼 산다면

수겹 포장하여
모난 곳 가리고
내 안의 욕심
누르는 소리

근육마다
긴장을 풀고
구석구석
주름을 펴서

환한 시처럼
팔랑팔랑
살 수 있다면

객관의 위력

격정과
우울의
그물 너머

심정과
진리의
혼돈을 피해

나의 악과
너의 선을
중화시키며

흔들리지 않는
저
영원을 위해

숲 속 내밀한 지경

올망졸망 바위 사이로
오종종 고샅길
햇빛 흐르고
어린 양이 뛰놀던
촉촉한 풀숲
올리브산 새벽이
베일을 벗는다

상식이 가식에 헐리어
구름은 파도를 부르고

해거름 인간
저 높은
하늘가지에 닿아
동트는 새벽
고단한 주님을
아리도록 묶어
내보낸다

정도야, 그저 쉽게

우리 모두가 바라는 건
관심과 사랑
이해와 용서

서로에게
따스한 손길 내밀며
그윽한 눈빛으로
응시하는 것

겨울에도 이마엔
봄바람 살랑이고
눈보라 속에도
수를 놓으며

저마다 향기로운
꽃처럼 피어나
아름다운 천국에
발 내미는 일

은총

어릴 적 부터
무수히 내린 비

그 많던
하느님의
노크 소리

활시위 같은
세월의 결따라

수없이 편집된
하느님 나라

어쩌다 세차게
비바람 몰아쳐야

덜컥
겁이 나는
슬픈 뒤안길

느낌

거울 보다
정확한
진실이예요

성큼성큼 걸어와
좌우 또렷이
정리를 해요

아무리 고운 웃음
흘려도

단내 나는
향유를 둘러도

얽힌 실타래
솔솔 풀며

따스한 햇빛
감아올리며

정화

무지로 기대던 마음 놓아
스스로 돌보는 시간
애처로운 어머니만 반짝 눈물짓는다
사랑은 육신의 어머니를 놓아 주었다

그녀의 눈물이 아프게 다가올 때
비로소 숨어계신 님의
싱그러운 빛이 보였다
님을 사랑하는 이들
항구한 무사도 보였다

오색빛 짙은 회오리 따라
눈물꽃 흩날리는 지상
그녀도 온전한 사랑이 필요하다

결함 비워 분별하는 정화의 샘물
흰 눈 토옥 송송 솜옷 입히는
지치지 않는 두레박질이 필요하다

순명

님의 탄생과 여정을 그린 드라마
꿈꾸듯 긴 세월 돌아
지상 발걸음은 탄탄하다

두 손 가득 꽃다발 엮어
감사의 드라마 여는 시간
그들은 미리 본 장면처럼
피곤에 겨워 눈을 감았다

슬픈 눈빛이 벽을 향했다
사막 횡단의
팍팍한 낙타 행렬
올망졸망 흩어져
이별 경험한 사랑이 작별을 했다

그 쉼표의 따스함 안고
님의 옷자락 파고드는 시간
비바람 눈보라 속 모두 왔으니 되었다
이제, 진선미의 오선을 날자

여울이 들려주는 소리

위를 막으면
그 음량 낮아지고

중간을 막으니
둔탁해지네

흰 날갯짓
고운 하늘은

자연 여울
그대로인 것을

승리의 덫

완전은
살며시
거짓을 거느리고

도둑고양이처럼
밤새워
담을 넘고

티끌
아량
연민도 없이

눈부신 태양처럼
날 세워
포효하고

반짝이는 긍정

때로
헌신과 순명은
잠잠한 사랑이어라

무지와
오만의
늪을 건너

소통과
인식의
강을 지나는

몽실몽실 어스름
큰
길목이어라

천국의 아이들

별똥별 무수히 떨어진 날
아파트 위를 별 하나
꽃송이처럼 피더니

교정 가득한 아이들
햇볕에 말린 듯
뽀송뽀송 눈부시다

활기차게 뛰어노는
그들 사이로
아스라이 서 있는 시간

하얀 햇빛이
지극히 평화롭다
굽이굽이 지극히 고요하다

연민에 닿아

아득한 소음도
파닥파닥

그를 그대로 두고

사르락사르락
시린 공허
아리게 바라본다

사막의 밤

내 아무리 힘들어도
맨발로 걷는
그 만할까

따가운
모래
위에

어두운
한기
속을

내 아무리 힘들어도
하느님 없이 걷는
그 만할까

미를 따라

무관심과
탐닉의
틈바구니는

하느님
밀어
가득한 바다

어여쁜
꽃봉오리
이슬 머금고

음악과
미술
날개를 찾아

새 봄
아지랑이
길을 나선다

순리의 흐름

아이들 앞에 선다는 건
내 마음 다스리기

진도에 탐을 내면
거친 목소리
높아가는 하이소프라노

성적에 탐을 내면
사르르 꼬리 감추는
아이들 미소

헤어밴드로
한바탕 웃기던
남자 아이의 재치도 사라지고

저절로 터지던 기쁜 함성도
안개처럼 사르르
꼬리 감추고

바닥에 차오르는 불통

작고 가냘픈 떨림
깊은 상처
일면

내 떨림
또한
사각사각 파문 짓는다

모호한 세계
등대 없이
소통의 노도 잃은 어귀

팍팍한 분노의 늪 안에
비로소
내 누수를 본다

생활에 지친다면

영혼과
육체의
그치지 않는 싸움

은빛 강가의
떼배 위로
술잔 기울이다

강바람 맞이한
아이 마냥
기쁘게 반짝여라

저무는 들녘
풀잎으로
꽃처럼 피어나

바람에 나부끼는
갈대처럼
온 들녘 환히 불 밝혀라

아버님의 창

간밤 흰 눈이
저리 높건만
찬바람 입김 미끄러운 길
고운 한복 입고
건너오신 분

양지녘 햇살
단단히 딛고
자식 걱정 손주 안부
꼼꼼히 챙기지만

전생의 업보
얼마나 무겁길래
말마디 걸음마디 힘드실까

추운 겨울에도
창가에 앉아
탁 트인 햇살
받으시는 분

모성의 뜰

마을을 돌아
슈퍼 뒤뜰은
아늑한 정원

나지막한 산비탈 구릉엔
온통
강아지풀, 쑥, 달개비꽃

아름드리 나뭇가지
가물가물
지면에 닿아

따가운 햇살
눈부신 세라핌
쏴아 그늘 드리우며

지척대로의
온갖 소음의 시
속닥속닥 사랑으로 막는다

벽

무엇이 아쉬워
더 이상 사진찍지 못하고
발길을 잡아 눈길을 끄는가
혹시
화산 폭발을 알고 피난가지 못한
노예는 아니었는지
폼페이 유적을 보고 온 날
카펫에 배인 시큼한 냄새가
영겁의 내 전생은 아니었는지
더 이상 필름은 감기지 않고
꼼짝없이 눈도장을 찍어야 했다

머리에 쥐가 나도록
완벽한 건축 양식
숨 쉴 틈 없는 과학적 생활 방식
타이트한 문화는 자연재해로 마감하는가
오늘은 화산재 위에 이끼로 돋아
하늘로 하늘로 햇살을 당긴다

일찍이 납을 이용한 명석한 두뇌
인체의 해를 관철치 못하고
사십이 안된 유한한 생명 속에
꽃처럼 피어나던 환락의 도시를
밟고 지나간 저 검은 그림자

온몸에 힘이 빠져 다리는 흔들흔들
별식 해물스파게티도 넋 없이 먹는데
이태리 요리사의 맑은 칸소네가
꼭 폼페이 사람의 영혼 같기만 하다

이승 지하

자목련 콩콩 찧어 끓인다, 따뜻한 봄날
수진아 숙제 안하니
예전엔 없던 어머니의 잔소리
내 마음 속에서 자갈이 구른다
시계처럼, 시험처럼, 무서운 겨울처럼
아빠의 모습이 떠올랐다
자, 여기있지? 아스카 문화에 영향을 준 건
고구려의 고분 벽화야
우리 씨름할래?
고개들고 다가오던 이야깃거리
아빠의 모습이 보름달처럼 환하다

라일락향 사이로 오월이 왔다
맑은 날 햇빛은 물결을 타고 춤을 춘다
언제나 북적대는 학교 앞 분식집
떡꼬치를 넣은 지선이 입이 달싹거린다
넌 어린이날 어디 가니? 난 설악산 가
……
지선이 기쁨은 용케도 나의 말끝을 감쌌다

아빠의 마지막 재판
내 몸은 잘 훈련된 돌고래의 지느러미
감정 없이 이리저리 날개를 파닥인다
어쩌다 아빠는 이승 지하에 계실까
아빠가 그럴 동안 난 무엇을 했나
내 마음 속에서 파도가 일렁인다

자박자박 구두 소리
아빠가 돌아왔으면……
우리도 구름 속 미시령을 넘어
저 시원한 동해를 볼 수 있다면
내 마음 흔들리는 유람선을 타고
안전한 착륙 지점 찾아나선다
눈물로 얼룩진 어머니의 골목에
스테인드글라스 오묘한 빛을 통과한
비둘기가 난다
환한 햇살이 우리집 어깨 위로 내려앉고
내 마음 쇼생크의 벽을 넘는
거대한 비둘기로 날아간다

대화

대화를 강조하는 사장이 있었다
무엇을 보거나
뜨거운 가슴으로 말하고
잠시도 마음 속 접지 않는 사람
눈에 띄는 대로 불러
더 높게 더 크게 추켜주는 사람

그의 회사에
말수가 적은 사원이 있었다
사장은 그를 대할 때
삶의 질이 저렇게 낮아서야
혀를 끌끌 차며 안타까와 했다

어느날 사무실에 물난리가 났다
오래도록 손보지 못한
천정의 배수관이 터진 것이다
사장은 눈을 깜박이며
사람들의 반응을 지켜보았다
여기저기에서 세련된 음성들이

핸드폰을 터뜨렸다
행여 흙탕물이 튈까 바지깃 올려잡고서

순식간에 불어난 흙탕물은
사무실을 온통 삼킬 듯했다
보다 못한 사장이 짐승처럼 포효했다
무엇들 하는거야 빨리 퍼내

사원들은 흠칫 놀라
한걸음 뒤로 물러났다
그러다 이내 추한 동물을 대한 듯
그에게서 머얼리 줄행랑쳤다
사장은 질세라 그들을 좇아갔다

그런데 참으로 놀라운 것은
흙탕물이 조금씩 줄어드는 것이었다
부르지 않은 양동이와 대야가 줄을 서고
말수 적은 사원이 구석에서
흙탕물을 말끔이 걷어내고 있었다

달빛으로

해 지면
떠오르는 달
이전엔 왜 그 빛을 못보았을까

예쁜 꽃잎도
손수레 실려
소각장 속으로 사라지는데

세월은 온통 텅 빈 활시위
해 지고 어둠 내려야 온누리 밝히는
환한 달빛과 사뭇 달라

해 지면
떠오르는 달
이전엔 왜 그 빛을 못 보았을까

3
인고의 샘

평화

굳은 마음 서로 등지기 전에
슬픈 눈망울 창가에 비치면
살며시 다가가 손을 잡자

나 홀로 건너와
민들레처럼
바람에 흔들리다
돌아서는 길

그 길의 얼룩진 눈물을 닦자
산들바람 속 더불어 걷자

합일 수업

성무일도 오색끈 연처럼 다신 해님
아파트 통유리 사르르 오시어
청원기 앳된 모습 환히 웃으시네

오늘은 수련 이차 감도
영혼 전신 유리처럼 비추임
해님인 님께서 깨우치셨네

무섭고 고독한 밤
끝도 없이 지키심
보드라운 성무일도 쏙쏙 이르시니

한밤 우주 통곡, 사랑의 님 전능의 님
찰나 지상에서 맑은 영혼으로
기꺼이 당신을 비추이게 하소서

음악

비오는 날
우산 같아

내 마음
말려
뜻뜻하게

완고한 날
꿀물 같아

내 마음
녹여
달콤하게

성당

피할 수 없는
상황
온 마음 사위어

꿈
잃고
가난한 이들

한 줌
햇볕에
눈물 흘리는 곳

한 줌
미풍에
감사드리는 곳

꾸르실료

세상
푸른
바다

사뿐이
건너

시간
관념
재우고

나팔
소리
아침을 연다

잠든
영혼
천국을 간다

성무일도

세간 먼지
어지러운 하루

고이
품어
재워 주시는

천상 은총의
영적 어머니

화사한 훈풍
휘파람 불면

영혼
가득
샘솟는 용기

천상 은총의
영적 어머니

망초

푸른 산 지루할까
별처럼 피는 꽃

어두움 스밀까
환하게 웃는 꽃

허리만큼 자라
다정히 손잡고

강물 따라 구비구비
바람처럼 피는 꽃

비올라

바이올린의
화려한
음색

첼로의
우아한
미학

느림의
오솔길
학처럼 날아

저 끝
봄바다
아리게 타는

진초록
여름빛
아지랑이

묵주기도

나침반
잃어
표류할 때

문득
떠오르는
별

메마른
샘
생수 길어

화사한
티끌
진주를 캔다

백합처럼

도톰한
레이스

우아한
샤링

댓잎 닮아
싱그러운
잎새

천둥 요란한
밤도

고운
옹이로

맑은
이슬인 양
활짝 웃는다

고해성사

톱니바퀴
속
미세먼지

거르고
닦아
윤내면

어느새
깃털처럼
가뿐한 영혼

만족으로

거대한 들판은
드문드문 풀숲에도
바람이 인다

그 풍성한 공간 사이로
버드나무 잔가지
하느작하느작

눈부신 오월 신록
흙먼지 일며
새파란 하늘로 비상한다

부자라면

아침길 만난
슬픈 얼굴
환한 미소로 맞는

마음
꽉 찬
부자이고 싶다

모진 질책에
의연하고
권태와 상실
서성이지 않는

마음
꽉 찬
부자이고 싶다

님께 가는 길

질의나
토론 없이
양심에 있다

정답과
오답 없이
관심에 있다

실수에도
꽃보라
일고

성공에도
음모
꿈틀거리는

저 광야에서 길은
늘 봄눈처럼
아른거린다

겨울 밤 기차

따스한 온기
발 밑에 달고
타박타박
인생처럼 달린다

여름내 달려들던
날벌레떼 없이
적막하기는
산 같은데

심심치 않게
털털거리며
이 밤 공기는
무한이다

숙명처럼
내리는
내 간이역까지

숙명이어라

나에게 허락하신 건
고요와 평화
침묵과 절제

그 밖의
붉고 화려한
빛깔은 아니지

무너져내리는 도덕
달래서 수용하고
틀린 셈
너그럽게 인정하며

다만
새하얀 가시밭
묵묵히 걸어가는 일

생명

짓눌린
통증에
사선이 오락가락

무디게
굳은
오른손 따라

바짝바짝
타는
입술

공

네가
먼
우주를 날 때

내 꽃잎은
하늘하늘
나비처럼 올라

네 하늘
높이
십자가 꽂고

빗방울처럼
음악을
듣는다

해질녘

하루가 사뿐이 내려앉아
서산 마루엔 분홍 해님
나는 마당을 고이 쓸어
내 마음 가득 풀어놓아요

지우고 또 그리고
만지고 덧붙이면
비로소 생기는 동그란 웃음
내 안에 꼭꼭 갇혀 있다
가슴 열고 나오는 무수한 이야기

예쁜 그림을 마당에 두고
나는 툇마루에 올라섭니다
어느덧 땅거미 살금살금
내 마음 고요히 감싸줍니다

백자 추상문 채모깍기호

날아갈 듯 사뿐사뿐
팔각모서리
위 아래로 봉긋봉긋
열두 폭 치마

분청사기 추상문은
백자로 날아
저마다 부드러운
곡선이 훨훨

하얀 불꽃 사이를
춤추듯 날며
학처럼 고운
도예가의 숨결

현월정

한적한 농가 뒤로
서산에 해 기우니
현월정 달이 뜬다
부드럽게 짚 깔린
돌계단 위로
벼슬처럼 솟을 대문 열어라

잠들다 깨어나
비늘 세우고
촌음을 비상하는
고운 학이여

끊어진 인적
정지된 미 속에
현월을 기다리는
사진작가 렌즈 속으로
꽃잎 사뿐이 즈려밟고
다리를 건너는
저 오색 황진이

태풍이다

고층빌딩이
무색하게
푸슈슈 지나가는
저 발길

아파트 사이의
아스팔트를
포르륵 용트림하는
저 수증기

굽이쳐오르다
무섭게 내리치고
성령의 불길처럼
섬뜩한 해일

모든 것이
휘청거리는
무시무시한
저 마력

기도

성경 알기 전
모세 · 엘리야
드러내시고

미친한
속에
들어오신 주님

어두운
성당 문
살며시 밀어

천지개벽
소리
듣게 하소서

개벽

해마다 이맘때면
봄 오는 소리
이제는 아련히
님 오는 소리

이천 년 지나도록
아득히 가물가물

항구한 무사들은
도시를 만들고
나라를 세우고

사방 암흑 비추는
열린 길섶으로
드디어 문 여는
님의 목소리

천상에 오르자

노오란 은행나무
금빛으로 부서지는
가을은

빠알간 단풍나무
꽃처럼 피어나는
가을은

내 안에
키운 사랑
알알이 여물어

훈풍에
몽실몽실
흩날리는 그곳

4

그럼에도 빛나는 뜨락

침묵의 세계

속살거릴 더께 없이
폴폴 가난 오시면
오롯이 기꺼운 평화

해맑은 영
깨어
몽실몽실 영성을 찾고

빛이신 은총
흰 눈 위로
온 세상 반짝반짝 휘감는다

감각의 끝에서

눈이 큰 그녀
내 동갑 여자
유럽을 안방처럼 누비던
거침 없이 살아있는 눈빛

그가 오래도록 누운
내 감각을 일으켜 세웠다

나는 늘 걷던 솔숲을
저만치 두고
미니운동장으로 향했다

해질녘
농구하는 아이들 목소리가
노래처럼 향기롭게 피어오른다

내 발끝에도
힘차게
날개가 돋는다

잠언

사막과
광야를 지난
오아시스

한 송이
청아한
저 승리의 이정표

망중한

유수 같은
세월

돌보고
어루만져

삶을
가꾸는

한 밤
돛대

침묵으로

주위를
누르지 않는
감동의 언어

말보다 듣는 힘으로
관여보다 세심한 감지로

깊고 그윽한
내면의 샘 사르르

따스한 님의 사랑
소복소복
긷는 일

지상에서 천상처럼

히말라야 산 중턱
화사한 작은 까페

바쁜 일상 멎고
분주한 차들 바라본다

삼십 년 전 아스라한
비엔나커피의 향과 농도

평화와 온유는 천상에서
완강한 지상으로 다가온다

사랑만으로

내가
네게
줄 수 있는

유일한
선물

나약한
맘
힘솟게

메마른
땅
샘솟게

엎드려
건네는
낙원의 보화

울타리 곁에서

언 발 녹이던
추운 겨울도

끼니 거르던
한가위 명절도

님께서 이끄신
향기로운 길

단비로 촉촉한 땅
윤기내시고

환한 햇살로
감싸주신 길

아버지

당신이 준
선물은
상처 주지 않은 것

개성
존중하여
억압하지 않은 것

가난한 당신이
내어 줄
형체는 암담해도

절제로
길이 남을
생명을 주신 것

좋은 선배, 아버지

하느님
말씀 따라
스스로 돕는

높은
이상과
부지런한 삶

시공을
넘어
음악처럼 흐르는

늘
말끔한 햇살
아버지 말씀

친정

비바람
불어도
따스하고

근심
쌓여도
편안한

햇살
가득
천상 뜰

공공시설

넉넉한 이
가난한 이
모두

자유로이
머물다
숨쉬는 곳

한 줌 햇볕처럼
한 줌 음악처럼

경계선 없이
청아하게
흐르는 곳

천상구역의 꽃

어스름
디딘 곳은
은총이 드레드레

막막한
결함마저
따스히 감싸

오히려
돌봄 없이 자란 상처가
꽃처럼 피고

싱그러운 바람
작은 돌틈 위로
출렁이는 햇살

글 속에 누운
자아 일으켜
푸르른 님께 향한다

신앙과 시

님께 가는 길은
시와 같다

양파껍질 바알간
양분을 찾아
깊은 우물 속 두레박 보는 일

통나무 속 오묘한
미로를 따라
새처럼 부리로 쪼아가는 길

알 수 없는 지상 안개숲
그 숲 너머 고운 님 휘파람 소리
순백의 날갯짓 반짝이는 일

님이 지으신
본원적 상태로
실낙원 찾아 뛰어노는 일

연잎을 따라

겨울의 끝자락
서둘러 떠난 친구
보일 듯 숨은 듯
맑은 눈망울
너무나 여리고
약한 이파리

수줍게 손 흔드는
네 영정 너머
예쁘고 투명한
오색 빛들이

아름답게
빙글빙글
꽃무늬 그리다
빛들과 함께
최고의 속도로
천국에 올라가는
널 보았지

강변 왕국

강변엔 저마다
돌들이 집을 짓고

하늘 향해
방긋
미소짓는다

나란히 누워
노닥거리며

마주보고 엎드려
속닥거리며

흐르는 물에
제 살 닦아

빛나는
무늬 하나
만들어낸다

이국의 미

커피숍은
소곤소곤
간간이 들리는
투명한 찻잔 소리 뿐

호텔 복도엔
짙은 어둠이 깔리고
침대 등도
머리 너머로
빛을 감추었다

어딜가나
편안한 나무 의자
형형색색 조명등과
밀어를 나눈다

낮엔
거울과 금분으로
건물에 포인트를 주고

밤엔
찬란한 조명으로
숨은 곳 탄생되는

실용성과
심미성을 갖춘
파리에서는

구름마저
두툼한
이태리카페트를 벗어나
산뜻한 해일로
용솟음친다

대한민국

나와보니 괜찮은 내 조국 대한민국
어딜가나 졸졸졸 맑은 물소리
따스한 햇살과 투명한 공기는
지천인 화강암 사이로
옹기종기 풀꽃들 피었다 눕히고
또 다시 일어나 까르르 웃음짓네

귀에 닿을 듯한 플라타너스 터널을 누비면
어느 새 다가오는 시원한 바람
친근한 한글이 무수히 깔리고
너와 나는 같은 피부색과 머릿결
우리는 어김없는 단군의 자손

태극 무늬 아파트가 한옥 지붕을 이고
현관 대청문 사이로
솔솔 오천 년 바람이 불어오는 날
낮은 구릉 몇 구비 돌아서
따스한 햇볕이 한 줌 흐른다

이젠 여유를 갖고 원색에서 벗어나
마음 문 열어 검정을 덜어내고
날아갈 듯 산뜻한 마음으로
건물과 간판의 채도를 높이자

수많은 전깃줄 지하로 옮겨
무절제한 간판 무게를 덜어
곧은 선비의 절개만 남기자
나를 벗어나 우리로 서자

어쩌면 오천 년 오랜 역사가
어쩌면 우수한 한글 두뇌가
은빛 도로를 여명처럼 다가와
세계의 청춘이 아름답게 꽃피도록
나란히 손잡고 개성대로 달리자

감사

한동안 적적하던 뜰에
인기척이 일고
길섶까지 뻗은 숲 은빛 도로를 지나
예까지 달려온 고마운 손님

오랫동안 가동하지 않은 선풍기가
먼지를 툴툴 날리며 떨어진다
어지러운 시선
선풍기 먼지 사이로
이 년째 오지 않는 딸의 얼굴
의식주의 사선을 넘으며
긴 세월 동행하던 고운 나의 딸

두 다리와 왼팔을 노리고
무섭게 질주하던 트럭보다
더 두려운 건 악한 생각
사망 신고를 내고 떠난 남편을 원망하고
마음대로 할 수 없는 육신을 원망하고
드디어 살아있음을 원망하고

아직도 내 뜰 가득히 쏟아지는 햇빛
돌보는 이 없어도 저렇게 눈부신데
가진 것 없어도 저렇게 즐거운데
수용하기 힘든 비굴을 넘다
잠시 긴장한 근육을 푼다

모진 풍파에도 오롯이 살아
기도로 흐르는 맑은 의식
성경을 넘기는 나의 오른 손
세월의 무게 만큼 휘어진 지붕 위로
무수히 올려 본 새파란 하늘
살아있음 자체로 감사하여라
살아있음 자체로 행복하여라

한동안 적적하던 뜰에
반가운 인기척이 일고
길섶까지 뻗은 숲 은빛도로를 지나
기도를 받고 가는 고마운 손님

알

모래밭에 비가 뿌린다
습관적으로 몸을 움츠리고
비 피할 곳을 찾았다, 우울하다
넓은 바닷가에 작은 민수의 몸 하나 숨겨줄
그늘이 없다
새까만 구름이 하늘을 덮고
오스스 찬 기운이 몰려온다
신기하고 복잡한 새 학년
점점 선명한 모습으로 다가오는 위기 의식
민수는 그 의식의 꼬리를 붙잡고
어머니를 찾아 바닷가에 왔다

오늘 아침에 종훈이, 현철인 메달을 받았다
벌써 세 번째다
날씨가 더우면 땀 냄새를 피해
부지런히 옷을 갈아입고
외출했다 돌아오면 부지런히 손을 씻고
노비로 태어나 어머니를 슬프게 하지 않은
장영실도 존경하지만

그리고 무엇보다 매일 아침 태권도 연습에
열심히 참여하지만
이 넌째 민수는 아무 메달도 따내지 못했다

박수를 치려고 들었던 손을
불안스레 비비다가
친구의 눈치를 살폈다
아니 어쩌다 비밀 일기를 쓴 날이면
꾸중을 들으면서도
일기장을 제출하지 못했다
애매한 일기포트폴리오엔 용기 대신
글씨 깨끗이 쓰기라는
상투적인 목표가 꼭꼭 들어섰다
민수 의식 속 먼지들이
폴싹거리며 피어오른다

안방 공기가 서늘하다
드르륵 쾅
어머니가 현관문을 열고 나간다

아버지가 앞치마를 두르고 나오신다
동생이 책을 집어던졌다
민수는 책을 꽂으려고 몸을 벌떡 일으키다
그 자리에 무르춤 서 버렸다
이건 아니야
어머니를 모시고 와야지
현관문을 열고 나가는 민수의 등 뒤로
아버지와
동생의 놀란 눈이
비상하는 새 떼처럼 몰려온다

비는 온종일
민수의 마음을 슬프게 적시고 있다
바닷가 외가에 어머니는 계시지 않았다
아니 어머니도 이 바다 어디에서
저 시원한 파도를 보고 있을지 모른다

무엇보다 자신과 싸워야 돼
그리고 실체를 똑똑히 보아야지

민수는 작은 손에 큰 꿈을 담아
주위를 둘러싼
거대한 알껍질을 쪼기 시작했다

모래밭을 박차고 일어섰다
장시간 매달린 모래들이 후드득 떨어졌다
땅으로 떨어지는 모래는
지면에 닿는 순간
일제히 하얀 날개를 달고 피어올랐다
여전히 성난 파도가
흰 옷을 너울거리며 공격해왔다
민수는 기본 자세를 취하고
앞발 사이드로 방어한 뒤
비호 같은 나래차기로 파도를 공격했다
파도는 일순간에
하얀 물거품으로 부서졌다
민수의 두 손엔 뜨거운 힘이 웅얼거렸다

길

나 어릴적 고모댁 가는 길
파아란 하늘
정다운 양떼구름
뽀얀 먼지를 일으키며 탁탁 부서지던 햇빛
온 숲을 가로질러 나뭇잎과 반짝였지

나는 그곳이 신작로의 끝
세상의 끝인 줄 알았네
그러나 커서 보니
그 너머에도 길은 이어지고
나는 그 낯선 도시에 살게 되었네

엄마, 하느님은 하도 속상해
이마에 주름살 세 개나 있지?
신부님을 하느님으로 아는 어린 딸을 업고
실비단처럼 엷은 커피로
자판 커피의 쓴맛을 알고
기뻐하던 얼굴
슬픔에 젖은 눈동자 사이로

무수한 하느님을 만났지

오래도록 동경하던 그 길엔
노루가 뛰어놀고
청설모가 숨어들고
때때로 내 가슴에 피어나던
엷은 미풍과 하늘거리는 민들레

햇빛이 적당히 숨어버린 날
심술궂게 내리는 빗줄기 사이로
경직과 권위의 마법을 지나
이제 내 이마 위에 진 세 개의 주름살

그러나 뽀얀 먼지를 일으키며
여전히 부서지는 햇빛
창밖에 내리는 빗줄기가
방안을 기웃거리다
저희도 열어달라 유리창 탁탁 두드린다

나 어릴적 고모댁 가는 길
나는 그곳이 신작로의 끝
세상의 끝인 줄 알았네
그러나 그 너머에도 길은 이어지고
나는 그 낯선 도시에 살게 되었네

| 해설 |

진정성의 시편들

진정성의 시편들

정성수(丁成秀)
(시인·한국문인협회 시분과회장)

손문숙의 시는 주로 긴 시보다 짧고 간결한 시에서 더욱 빛을 발한다. 세속의 허망한 영혼에 오염되지 않은 소박한 청순미, 자아와 세계를 바라보는 시각의 정직한 진정성이 그의 시적 장기라고 말할 수 있을 것이다. 사상이나 정서, 혹은 대상에 대한 지나친 과장이나 장식을 배제한 솔직한 내면의 목소리가 따뜻하다.

그처럼 손문숙의 시는 깊은 사랑에 젖어 있는 어머니의 품속처럼 편안하고 아늑하다. 그것은 자연스럽게 그 나름의 적절한 호소력과 설득력을 획득하게 된다. 다시 말하자면 특별한 위화감이나 거부 반응을 유발하지 않는 진정성의 시, 표현이나 진술을 있는 그대로 순수하게 받아들일 수 있는 평화로운 시의 축제이다.

다음 시를 살펴보자.

자박자박
다가온다

투명하게 젖어
싱그러운 빛으로

마알간 그의 모습
가까이 왔다

소록소록
스며드는
비의 숨소리

징검다리 위에도
이끼 속에도

촉촉히
스며들어
온통 푸르다

—「비 오는 숲속」 전문

1연에서 지구 위로 비가 내리는 상황을 '자박자박/ 다가온다'라고 의성어를 사용해서 표현, 마치 사람이 물이 괸 길 위로 소리 내어 다가오는 것처럼 노래했다. '자박자박'을 1행으로 처리, 비가 내리는 소리를 더욱 강조했다.

2연과 3연에서는 비가 내리는 것을 보다 구체적으로 형상화한다. '투명하게 젖어/ 싱그러운 빛으로// 마알간 그의 모습/ 가까이 왔다' 시적화자 곁으로 내리는 비를 '투명하게 젖었다', '싱그러운 빛'의 모습으로, '마알간 모습'으로 '가까이 왔다'고 매우 긍정적으로 표현한다.

비가 순결과 희망과 생명성을 거느리고 시적화자를 보다 나은 차원으로 승화시키려고 내려온 셈이다. 내리는 '비의 숨소리'가 여기저기 '소록소록 스며든다'. '징검다리 위에도/ 이끼 속에도// 촉촉히/ 스며들어/ 온통 푸르다'.

하늘에서 내리는 생명수를 마시고 지상에 싱싱한 초록이 펼쳐지는 멋진 신세계의 모습이 아닐 수 없다. 시가 비처럼 군더더기 없이 간결하고 깨끗하다.

다음 시를 살펴보자.

어두운
내 안에
들어와

환하게
등불 밝히는
그대

어린 시절을
고스란히
간직한 채

별가루처럼
부서지는
은모래

푸른 숲 사이
밝은
실타래

—「빛」 전문

말하자면 여기서의 '빛'은 시적화자의 육신과 영혼을 함께 비춰주는 특별한 광채이다. '어두운/ 내 안에/ 들어와', 즉 고통과 슬픔과 갈등이 어우러진 시적화자의 그늘진 가슴 속에 새로운 '빛'이 들어와서 거짓말처럼 '환하게 등불'을 '밝'혀준다.

그 '빛'은 적어도 고통 없이 순수했던 어린 시절의 아름다운 추억을 지니고 있는 눈부신 광채이다. 그 '빛'은 추억과 함께 '별가루처럼/ 부서지는 은모래' 같은 것이고 어린 날의 '푸른 숲 사이'로 내려오는 '밝은 실타래'와도 같은 것이다.

어린 시절의 순결한 광채가 어른이 된 지금 고통과 슬픔에 젖어 있는 시적화자의 가슴 속에서 다시 황홀하게 부활한다. 그것은 바로 아름다운 추억의 힘이자 무구했던 어린 시절의 깊고 따뜻한 생명의 힘이다.

다음 시를 살펴보자.

드러내지 않고
속으로 보듬으며
시처럼 산다면

수 겹 포장하여
모난 곳 가리고
내 안의 욕심
누르는 소리

근육마다
긴장을 풀고
구석구석
주름을 펴서

환한 시처럼
팔랑팔랑
살 수 있다면

—「시처럼 산다면」 전문

이 작품에서는 제목이 시사하는 바와 같이 '시처럼' 살고 싶은 화자의 간절한 희망과 꿈을 노래하고 있다. 시적화자가 꿈꾸는 삶은 '드러내지 않고/ 속으로 보듬으며' 시처럼 아름답게 사는 것이다.

'모난 곳'은 '수 겹 포장하여' 가리고 '내 안의 욕심 누르고' 사는 것. 모나지 않는 무욕의 삶, '근육마다/ 긴장을 풀고/ 구석구석 / 주름을 펴서// 한한 시처럼/ 팔랑팔랑/ 살 수' 있기를 희망한다.

아마도 사람은 누구나 다 아름다운 시처럼 살고 싶을 것이다. 마치 윤동주의 '서시'처럼 한평생 순결한 영혼으로 깨끗이 살고 싶을 것이다. 그러니까 이 시는 단순히 시적화자 자신만의 문제가 아닌 수많은 사람들의 보편적 가치 추구라고 말할 수 있을 것이다. '시처럼 팔랑팔랑' 산다는 표현이 신선하고 이채롭다.

다음 시를 살펴보자.

마을을 돌아
슈퍼 뒤뜰은
아늑한 정원

나지막한 산비탈 구릉엔
온통
강아지풀, 쑥, 달개비꽃

아름드리 나뭇가지
가물가물
지면에 닿아

따가운 햇살
눈부신 세라핌
쏴아 그늘 드리우며

지척대로의
온갖 소음의 시
속닥속닥 사랑으로 막는다

—「모성의 뜰」 전문

흔히 그냥 지나치기 쉬운 슈퍼마켓 뒤뜰과 산비탈 구릉을 '모성'으로 상징한 것이 인상적이다. 시인이 지닌 좋은 상상력의 결과이다. '마을을 돌아/ 슈퍼 뒤뜰은/ 아늑한 정원// 나지막한 산비탈 구릉엔/ 온통/ 강아지풀, 쑥, 달개비꽃'. 자연은 그야말로 아름답고 평화로운 풍경이 아닌가.

거기다가 '아름드리 나뭇가지/ 가물가물/ 지면에 닿아'의 경지에 다다르면 가히 선경이나 다름없다. 산비탈, 즉 대자연은 '따가운 햇살/ 눈부신 세라핌/ 쏴아 그늘 드리우며// 지척대로의/ 온갖 소음의 시/ 속닥속닥 사랑으로 막는다'.

가까운 곳 '대로'에서 쏟아져나오는 자동차 소음을 '소음의 시'라고 표현한 것은 문자 그대로 역설의 즐거움이다. 그 '소음의 시'를 대자연은 '사랑으로 막는다'. 그냥 막는 게 아니라 소음과 '속닥속닥' 소통하면서 막는 것이니, 아름답고 '따뜻한 모성'의 자연이 아닐 수 없다.

다음 시를 살펴보자.

해 지면
떠오르는 달
이전엔 왜 그 빛을 못 보았을까

예쁜 꽃잎도
손수레 실려
소각장 속으로 사라지는데

세월은 온통 텅 빈 활시위
해 지고 어둠 내려야 온누리 밝히는
환한 달빛과 사뭇 달라

해 지면
떠오르는 달
이전엔 왜 그 빛을 못 보았을까

—「달빛으로」 전문

한세상 살아가면서 너무나 쉽고 뻔한 사실에 대해 뒤늦게 깨닫는 일은 그 누구에게나 비일비재하다. 이 작품의 시적화자도 그런 경우이다. '해 지면/ 떠오르는 달/ 이전엔 왜 그 빛을 못 보았을까'

지구 위를 환히 내리비추던 해가 서녘으로 지면 자연스럽게 지상에 어둠의 무리가 몰려온다. 그러면 해 대신 지구의 어둠을 지우기 위해 달이 떠올라 지상을 내리비추는데, 그런 사실을 까마득히 잊고 살다가 세상을 어느 정도 살 만큼 산 뒤에야 겨우 그 사실을 알아차리게 된 다는 것.

사람이 죽으면 시신과 함께 '예쁜 꽃잎도/ 손수레 실려/ 소각장 속으로 사라' 진다. 그처럼 해도 때가 되면 서산 너머로 사라져가는 것. 그래서 '세상은 온통 텅 빈 활시위'나 다름이 없다. 그럼에도 불구하고 '달'은 '해 지고 어둠 내려야 온누리' 환히 밝힌다. 어둠이 존재해야 비로소 존재하는 달, 그것은 구원의 손길이며 신의 손길이다.

다음 시를 살펴보자.

톱니바퀴
속
미세먼지

거르고
닦아
윤내면

어느새
깃털처럼
가뿐한 영혼

—「고해성사」 전문

'고해성사'는 잘 아시다시피 천주교에서 행하는 종교의식의 하나이다. 신자가 자신의 잘못을 신부(신의 대행자)에게 고백하고 스스로 뉘우치고 일종의 용서도 받는 그런 행사로 알고 있다.

'톱니바퀴 속/ 미세먼지'는 이런저런 세상살이 속에서 부딪치게 되는 여러 가지 작은 잘못들. 그것들을 '거르고/ 닦아/ 윤내면', 즉 자신의 양심 속에서 잘 걸러내고, 그동안 잘못한 것들을 윤이 나도록 닦고 씻어내면, '어느새/ 깃털처럼/ 가뿐한 영혼'이 되는 것. 즉 죄(?)의 고백과 함께 무거운 양심의 가책에서 벗어나 시적화자의 영혼이 다시 가벼워지지는 것이다. '고해성사'를 통한 일종의 카타르시스이다.

다음 시를 살펴보자.

비바람
불어도
따스하고

근심
쌓여도
편안한

햇살
가득
천상 뜰

—「친정」 전문

'친정'은 시댁과 달리 전혀 낯설지 않다. 그야말로 고향과 어머니의 향내가 난다. '비바람/ 불어도/ 따스하고// 근심 쌓여도/ 편안한// 햇살/ 가득/ 천상 뜰'이다. 어머니와 아버지, 형제자매들의 수많은 슬픔과 기쁨이 숨어있는 곳, 시적화자는 그곳을 '햇살'이

'가득'한 '천상 뜰', 즉 천국이라고 명명한다. 이 세상에 천국이 존재한다면 그곳은 분명 어머니가 사시는 어린 시절의 고향일 것이다.

간결한 진술을 마지막 연이 한 편의 따뜻한 시로 승화시킨다. 마지막 연의 은유 때문에 1연~2연의 산문적 진술이 시로써 멋지게 살아나게 된 것.

다음 시를 살펴보자.

나 어릴 적 고모댁 가는 길
파아란 하늘
정다운 양떼구름
뽀얀 먼지를 일으키며 탁탁 부서지던 햇빛
온 숲을 가로질러 나뭇잎과 반짝였지

나는 그곳이 신작로의 끝
세상의 끝인 줄 알았네
그러나 커서 보니
그 너머에도 길은 이어지고
나는 그 낯선 도시에 살게 되었네

엄마, 하느님은 하도 속상해
이마에 주름살 세 개나 있지?
신부님을 하느님으로 아는 어린 딸을 업고
실비단처럼 엷은 커피로

자판 커피의 쓴맛을 알고
기뻐하던 얼굴
슬픔에 젖은 눈동자 사이로
무수한 하느님을 만났지

오래도록 동경하던 그 길엔
노루가 뛰어 놀고
청설모가 숨어들고
때때로 내 가슴에 피어나던
엷은 미풍과 하늘거리는 민들레

햇빛이 적당히 숨어버린 날
심술궂게 내리는 빗줄기 사이로
경직과 권위의 마법을 지나
이제 내 이마 위에 진 세 개의 주름살

그러나 뽀얀 먼지를 일으키며
여전히 부서지는 햇빛
창밖에 내리는 빗줄기가
방안을 기웃거리다
저희도 열어달라 유리창 탁탁 두드린다

나 어릴 적 고모댁 가는 길
나는 그곳이 신작로의 끝

세상의 끝인 줄 알았네
그러나 그 너머에도 길은 이어지고
나는 그 낯선 도시에 살게 되었네

—「길」 전문

7연이나 되는 작품으로써 이 시집 중에서 가장 긴 시이다. 시의 본령이 축소지향이고 무한 압축에 있지만 필요에 따라서는 이렇게 비교적 길게 쓸 수도 있는 것. 전에는 장시가 있어서 시가 소설처럼 길기도 했지만 요즘에는 서사시 같은 장시를 거의 찾아볼 수 없다.

1연에서는 '고모댁 가는 길'의 자연의 아름다움을 노래하고, 2연에서는 그곳 신작로가 '길'의 끝이 아니라는 걸 나이 들어서야 알게 됐다는 것. 3연에서는 어른이 되어 세상을 살면서 '슬픔에 젖은 눈동자 사이로/ 무수한 하느님을 만났다는 것'. 4연에서는 '내 가슴에 피어나던/ 엷은 미풍과 하늘거리는 민들레'를 노래하고, 5연에서는 고통의 터널을 지나면서 '내 이마 위에 진 세 개의 주름살'을, 6연에서는 시적화자에게로 오는 '햇빛'과 '빗줄기'의 생명성을, 7연에서는 2연을 재확인, '나 어릴 적 고모댁 가는 길/ 나는 그곳이 신작로의 끝/ 세상의 끝인 줄 알았네/ 그러나 그 너머에도 길은 이어지고/ 나는 그 낯선 도시에 살게 되었다'는 것을 노래한다.

성장하면서 차츰 더 큰 길과 세계와 세상을 만나게 되고 슬픔과 기쁨을 알게 된다는 것을 마치 한 편의 아름다운 동화처럼 읊고 있다.

손문숙의 시세계와 기교가 날이 갈수록 더욱 깊고 넓게 확장되기를 빈다.

손문숙 시집_ 님의 뜨락

초판 인쇄 | 2018년 2월 5일
초판 발행 | 2018년 2월 10일

—

지 은 이 | 손문숙
발 행 인 | 문효치
편집국장 | 김밝은

—

펴낸곳 | 사단법인 한국문인협회 月刊文學 출판부
주소 | 서울시 양천구 목동서로 225 대한민국예술인센터 1017호
전화 | 02-744-8046~7
팩스 | 02-743-5174
이메일 | klwa95@hanmail.net
등록 | 2011년 3월 11일 제2011-000081호
ISBN 978-89-6138-368-4 03810

—

값 8,000원

—

잘못 만들어진 책은 바꾸어 드립니다.